MUTÔ YÛGI

Résumé des épisodes précédents

Yûgi a réussi à percer le mystère du puzzle millénaire qui lui a été remis par son grand-père. Depuis ce jour, Yûgi possède le pouvoir occulte de faire apparaître son double qui sommeille en lui ! Yûgi est invincible aux jeux, jusqu'au jour où il trouve sur son chemin le directeur de la Kaiba Corporation, le jeune Seto Kaiba...

Les deux garçons s'affronteront au jeu de cartes Magic and Wizards... Deux duels mémorables, dont Yûgi sortira gagnant ! Kaiba devra quant à lui se soumettre au jeu de la sanction infligé par Yûgi qui le plongera dans le coma...

PEGASUS JR. CRAWFORD

SETO KAIBA

MUTÔ SUGOROKU

HONDA HIROTO

JÔNO-UCHI KATSUYA

MAZAKI ANZU

BAKURA RYÔ

KUJAKU MAÏ

Un jour, le génial inventeur du jeu Magic and Wizards, Pegasus jr. Crawford, vient défier Yûgi... Pegasus possède, comme Yûgi, un item millénaire, "l'œil millénaire". Cet objet lui permet de pratiquer le "Mind scan" qui consiste à lire dans les pensées d'un autre ! Pour la première fois de son existence, Yûgi perd une partie et doit subir le jeu de la sanction infligé par Pegasus... Pegasus prend alors le grand-père de Yûgi en otage en l'enfermant dans une caméra vidéo !! Pour délivrer son grand-père, Yûgi se voit obligé de participer au tournoi qu'organise Pegasus sur son île, le royaume des duellistes. Yûgi et ses amis enchaînent victoire sur victoire et se hissent jusqu'aux dernières épreuves avant de pouvoir affronter Pegasus... Kaiba, de son côté, est revenu miraculeusement à la vie et s'est infiltré dans le château de Pegasus. Il doit délivrer son frère, mais aussi empêcher Pegasus de lui subtiliser la "Kaiba Corporation". Malheureusement, Kaiba perd son duel contre Pegasus et son âme se trouve enfermée dans une carte avec celle de son frère ! Yûgi quant à lui doit d'abord l'emporter dans le duel qui l'oppose à Kujaku Maï...

YU-GI-OH !

Yugioh.

Volume 14

Sommaire

Battle 115
LE PIÈGE DERRIÈRE
LA BEAUTÉ !!

C'EST À TOI DE JOUER !

ELLE EST VRAIMENT ~

KRUU

TE LAISSER SURPRENDRE PAR UN PIÈGE AUSSI ÉVIDENT... JE CROIS QUE JE T'AVAIS SURESTIMÉ !

FUH FUH...

YUGI !!!

GROOOW

VLAF

LE DÉMON VA FACILEMENT PULVÉRISER SA CARTE !

LE NIVEAU D'ATTAQUE DE HAPPY LADY EST DE 1800 POINTS...

BON !

JE VIENS DE TIRER "L'APPEL DU DÉMON"...!

L'APPEL DU DÉMON

DÈS QU'ELLE ENTRE DANS LA PARTIE, ELLE PEUT ÊTRE ACTIVÉE PLUSIEURS FOIS...

SUR LA CENTAINE DE CARTES PIÈGES EXISTANTES, CELLE DE "L'ÉCRAN DE MIROIRS" EST L'UNE DES RARES CARTES À AVOIR UN EFFET PERMANENT.

KRUUU!

UNE CARTE PIÈGE TRADITIONNELLE DISPARAÎT DU JEU APRÈS SON UTILISATION...

MAIS... IL Y A DES EXCEPTIONS...

DOM

ELLE RÉAGIRA À CHACUNE DE TES ATTAQUES...

ZRUU

... TOUS MES MONSTRES SONT PRIS DANS SON PIÈGE !!

ZRUU

ÇA VEUT DIRE QUE...

ZRUU

C'EST ÉTRANGE, YÛGI A L'AIR DE PANIQUER...

IL SE PRÉCIPITE ET IL PORTE DES ATTAQUES FACILES...

EN PLUS, IL SE FAIT PRENDRE DEUX FOIS DE SUITE AU MÊME PIÈGE, ÇA NE LUI RESSEMBLE PAS !!

QU'EST-CE QUI LUI ARRIVE ? IL EST LOUCHE !

YÛGI !!!

HÉ, YÛGI ! QU'EST-CE QUE TU FOUS ?!

LE DUELLISTE QUI ME FAISAIT RÊVER N'EST PAS AUSSI FORT QUE JE LE PENSAIS...

FLIH...

JE SUIS DÉÇUE...

ZRUU ZRUU ZRUU

J'AI SENTI QUE TU SUBISSAIS UNE INVISIBLE PRESSION QUAND TU T'ES INSTALLÉ À CETTE TABLE...

MAIS JE M'EN DOUTAIS UN PEU...

KRUU ZRUU ZRUU

UNE PRESSION INVISIBLE ...?!

!!

DANS TA TÊTE, IL N'Y A QUE LE DUEL CONTRE PEGASUS QUI TE PRÉOCCUPE.

DANS TON CAS, JE N'AI RIEN SENTI ENVERS MOI.

LORSQUE DEUX DUELLISTES S'INSTALLENT À UNE TABLE, ILS SE SONDENT MUTUELLEMENT POUR CAPTER L'AURA DU COMBAT.

TU ES VRAIMENT UN GARÇON PRÉSOMPTUEUX...

TU NE M'AS PAS PRISE AU SÉRIEUX...

GROO GROO

LA PRESSION DE PEGASUS !!

!!

TU TE VOYAIS DÉJÀ EMPORTER CETTE PARTIE CONTRE MOI...

ET POURTANT, TU PERDS TES MOYENS PARCE QUE TU SAIS QUE NOUS SOMMES OBSERVÉS PAR PEGASUS !

ZRUU !!

ZRUU

ズ

ズ ZRUU

ズ ZRUU

TON MENTAL N'EST PAS SUFFISAMMENT SOLIDE POUR ME BATTRE !

YÛGI BOY... ELLE A RAISON...

ON CONTINUE LA PARTIE !

MAÏ ! GARDE TON DISCOURS DÉBILE POUR APRÈS !

GRRR !!!

GROOO

TU TE FOUS DE MOI...

ILS MASQUENT SOUVENT LEURS FAIBLESSES PAR UNE ATTITUDE AGRESSIVE...

LES GARÇONS DE TON GENRE SONT EN GÉNÉRAL DES PERSONNES FRAGILES.

TU VOIS, TU TE MONTRES AGRESSIF POUR ESSAYER DE M'INTIMIDER...

EXACTEMENT COMME JE L'AVAIS PRÉVU ! AH HA HA HA !

C'EST AUSSI POUR CETTE RAISON QUE TU T'ES LAISSÉ PIÉGER AUSSI FACILEMENT !

ALORS ? JE N'AI PAS RAISON ?

16

SI T'ES UN HOMME, ASSURE !!!

YÛGI ! NE FAIS PAS ATTENTION À SES PROVOCATIONS !

IL EST POSSIBLE QUE MAÏ PROVOQUE MÉCHAMMENT YÛGI POUR...

... QU'IL SE RESSAISISSE DANS LE COMBAT QU'IL EST EN TRAIN DE PERDRE...!!

CETTE FILLE...!

IL VIENT ENFIN DE METTRE PEGASUS DE CÔTÉ POUR RETROUVER LE REGARD DU DUELLISTE !

ON DIRAIT QU'IL COMMENCE ENFIN À RÉAGIR !

ZRUU ZU ZU ZRUU ZRUU

... EST-CE QUE C'EST LE MOMENT OPPORTUN POUR LUI PORTER UNE ATTAQUE AVEC HAPPY LADY ?

ZRUU ZRUU ZU ZU

GRÂCE À MA CARTE PIÈGE, L'ATTAQUE DU DÉMON A ÉTÉ RÉDUITE DE MOITIÉ, MAIS...

BU BU VLAF

À MOI DE JOUER !!!

DANS CE CAS...

JE SUIS INTRIGUÉE PAR LA CARTE QU'IL A LAISSÉE MASQUÉE... C'EST PEUT-ÊTRE UNE CARTE PIÈGE ?

L'APPEL DU DÉMON attaque 1250

HAPPY LADY attaque 1800

C'EST DOMMAGE POUR TOI, MAIS JE PRÉFÈRE ME DÉBARRASSER DE LA CARTE QUE TU AS LAISSÉE MASQUÉE.

!!

L'AILE BALAI DE HAPPY
(carte de magie)

Elle balaie toutes les cartes laissées sur la table par l'adversaire.

JE NE PORTE PAS D'ATTAQUE ET J'UTILISE CETTE CARTE DE MAGIE !

L'AILE BALAI DE HAPPY !!!

JE LA RETIRE DU JEU...

FUH FUH...

JE SUIS PRUDENTE...

TU FERAIS BIEN DE T'EN INSPIRER...

PETIT YÛGI...

TSCHH... J'AVAIS LAISSÉ UNE CARTE PIÈGE, CELLE DE "LA MALÉDICTION DU PENTA-GRAMME" !

LA MALÉDICTION DU PENTAGRAMME

SI TU AVAIS ATTAQUÉ, ELLE SE SERAIT DÉCLENCHÉE...

TU AS EU UNE BONNE INTUITION !

À MOI, MAINTE-NANT !

ZUMF

JE METS LE DÉMON EN POSITION DE DÉFENSE.

TANT QU'ELLE LAISSERA SA MAUDITE CARTE DANS LE JEU, LA PUISSANCE DE MES ATTAQUES SERA DIMINUÉE...

MES ATTAQUES SONT CONTENUES !!!

!!

SHULLLL

LE COMBO DE HAPPY LADY N'EST PAS ENCORE COMPLET !

CE N'EST PAS FINI !

HO HO HOO

OH HOOO HOO... LE GREMLIN EST MORT !

BSHiii

WIPE PU-NiSH !!!

JE LA PLACE EN POSITION DE DÉFEN-SE !

ZRUU ZRUU ZRUU

LA CARTE DE "CYGER" !!!

FAIS VRAI-MENT GAFFE !!!

YÛGi ! MÉFIANCE ! ELLE CONTINUE À FAIRE ÉVOLUER SA CARTE !

SI JE NE ME DÉBARRASSE PAS DE SA CARTE DE MAGIE, JE VAIS PERDRE !!

ZRUU ZRU ZRUU

CA CRAINT

LA VOILÀ !!

HÉ HÉ...

VLAF

À MOI DE JOUER !!!

ERPS....

VOILÀ, LE MEILLEUR SERVITEUR DE HAPPY LADY !!

TIENS-TOI PRÊT, YÛGI !

BLAM

GROOO GROO

GRÂCE À CETTE CARTE, MON COMBO PASSE À 70%.

LE COMBO N'EST PAS ENCORE COMPLET, MAIS C'EST DÉJÀ SUFFISANT POUR TE BATTRE !

LE DRAGON HAPPY'S PET

Attaque 2000
Défense 2500

Il se rapproche de Happy et augmente sa puissance de 300 points

GROOOW

CYGER EST AUSSI DÉTRUIT !

CYBER défense **600**

L'ATTAQUE DU "DRAGON HAPPY'S PET" ! LE SAINT FIRE GIGA !

LE DRAGON HAPPY'S PET attaque **2300**

Battle 116 TROUVE-TOI TOI-MÊME !!

C'EST UNE CHOSE QUI EST VISIBLE, MAIS QU'ON NE PEUT PAS VOIR...

SI TU NE TROUVES PAS LA RÉPONSE, TU NE POURRAS JAMAIS ME BATTRE !

QUAND J'AI AFFRONTÉ JÔNO-UCHi, IL M'AVAIT POSÉ CETTE QUESTION...

AUJOURD'HUI, C'EST À MON TOUR DE TE LA POSER...

MES MONSTRES DISPA-RAISSENT LES UNS APRÈS LES AUTRES...

WOOOO

URPS-

YÛGI Points de vie **1350**

ZRUU

ZRUU

UNE CHOSE VISIBLE MAIS QU'ON NE VOIT PAS...?

Battle 116
TROUVE-TOI TOI-MÊME !!

AU PIÈGE, JE RÉPLIQUERAI PAR UN AUTRE PIÈGE !!

BARRIÈRE DIVINE MIRROR FORCE

Carte piège divine que tu peux activer qui détruit tous les monstres qui au moment engagé attaquer

MAÏ... SI ELLE SE DÉCIDE À ATTAQUER LE MAGICIEN, TOUS SES MONSTRES SERONT DÉTRUITS !

GROOO

ET JE PLACE "BLACK MAGICIAN" EN DÉFENSE !!!

JE POSE "MIRROR FORCE" SUR LA TABLE ET JE LA LAISSE MASQUÉE.

GROOO

VLA !

À MOI, MAINTENANT !

ET MON TOUR EST TERMINÉ.

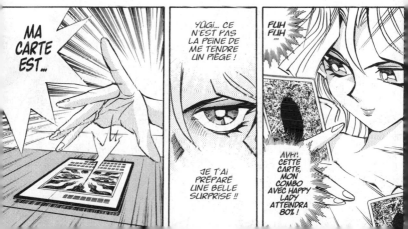

MA CARTE EST...

YÛGI... CE N'EST PAS LA PEINE DE ME TENDRE UN PIÈGE !

JE T'AI PRÉPARÉ UNE BELLE SURPRISE !!

FUH FUH...

AVEC CETTE CARTE, MON COMBO AVEC HAPPY LADY ATTEINDRA 80% !

RPS
...!

ZGRAAA GRAAA

ズ ズ ガ

LE REFLET DE
SON IMAGE
SUR LE MIROIR
VIENT DE
RÉDUIRE SON
ATTAQUE DE
MOITIÉ !!

ガ

GWUAAAARKS

attaque
2500

⬇

attaque
1250

ス SUUU

CE N'EST PAS
TOUT, JE VAIS
AJOUTER CETTE
CARTE DANS
LE JEU !

ZRUU

MA
CARTE
PIÈGE A
DISPARU
...!

ZRUU

ET LES
CARTES
QUE TU AS
LAISSÉES
SUR LA
TABLE
SONT
BALAYÉES
!!!

L'AILE BALAI DE
HAPPY (carte de magie)

Elle balaie toutes
les cartes laissées
sur la table par
l'adversaire.

"L'AILE
BALAI
DE
HAPPY"
!!!

WONDERFUL...!! SA HAPPY LADY N'A PAS DE FAILLE, ELLE EST PARFAITE !

SI ÇA CONTINUE, JE VAIS PERDRE !!

GLOUP

TANT QUE "L'OMBRE DE LA TENTATION" RESTERA DANS LA PARTIE, JE NE POURRAI PAS ME METTRE À L'ABRI...

ELLE SE TEINTE DE LA COULEUR DE LA DÉFAITE, ELLE S'OBSCURCIT...

JE SENS QUE L'ÂME DE YÛGI EST TOURMENTÉE...

ET SI JE PASSE À L'ATTAQUE, C'EST SON ÉCRAN QUI VA SE DÉCLENCHER...

ELLE EST BIEN PLUS FORTE QUE QUAND ELLE S'EST BATTUE CONTRE JÔNO-UCHI !

MAÏ...

YÛGI ! QU'EST-CE QUE TU FOUS ?!

C'ÉTAIT MA VÉRITABLE FORCE...

CE N'EST PAS LA CHANCE QUI T'A FAIT GAGNER LA DERNIÈRE FOIS...

NON...

J'AI EU DE LA CHANCE D'AVOIR GAGNÉ CONTRE ELLE...

C'EST ÇA, SA VÉRITABLE FORCE...?

!

UNE CHOSE QUI EST VISIBLE MAIS QU'ON NE PEUT PAS VOIR...

POURTANT, UNE PHRASE PERSISTAIT À RÉSONNER DANS MES OREILLES...

SINCÈREMENT, J'ÉTAIS EFFONDRÉE D'AVOIR PERDU CONTRE JÔNO-UCHI...

MAIS J'AI ESSAYÉ DE ME DÉTOURNER DE CETTE AMERTUME...

~ J'AI COMPRIS CE QUE VOULAIT DIRE CETTE PHRASE !

ET QUAND JE ME SUIS VRAIMENT RETROUVÉE FACE À MOI-MÊME...

LE VÉRITABLE SOI !!

MÊME MOI QUI SUIS MAUVAIS, J'AI RÉUSSI GRÂCE À ÇA !

JE... NON... SI, C'EST GRÂCE AUX POTES !

HEIN ?!

JÔNO-UCHI, TU COMPRENDS MIEUX MAINTENANT POURQUOI TU AS RÉUSSI À GAGNER JUSQU'À MAINTENANT ?

ET C'EST POUR SURMONTER CETTE FAIBLESSE QUE TU FOURNIS DES EFFORTS.

C'EST ÇA, TU CONNAIS TES FAIBLESSES !!!

OUI...

CE N'EST PAS LA VICTOIRE QUI REND LE DUELLISTE COURAGEUX !

C'EST LA DÉFAITE QUI LE FAIT PROGRESSER !

YÛGI !

?!

C'EST ÇA, LE VÉRITABLE COURAGE DU DUELLISTE !!!

C'EST CE QUE M'A APPRIS JÔNO-UCHI !

JE N'ARRIVAIS PAS À ADMETTRE QUE, DANS MES MOMENTS DE FAIBLESSE, C'ÉTAIT L'AUTRE MOI QUI ME VENAIT EN AIDE...!

JE NE M'EN ÉTAIS PAS APERÇU...

PLUS EXACTEMENT, JE ME VOILAIS LA FACE...

CELUI QUI ÉTAIT BLESSÉ DANS SON ÂME... C'ÉTAIT L'AUTRE MOI !!

KAASH

"UNE CHOSE QUI EST VISIBLE MAIS QU'ON NE PEUT PAS VOIR..."

C'EST DONC ÇA...

... C'EST MAINTENANT QUE COMMENCE LE VÉRITABLE DUEL !

JE SUIS TRÈS FIER DE POUVOIR FAIRE CE DUEL CONTRE TOI...

ET EN PLUS...

MAÏ...

C'EST À MOI DE JOUER !!!

YÛGI
Points de vie
300

YÛGI... TOUT TON TALENT NE SUFFIRA PAS À TE SORTIR DU MAUVAIS PAS DANS LEQUEL TU TE TROUVES !

FUH...

MAÏ
Points de vie
2000

VLAF

PENDANT LES COMBATS, ON EST TOUJOURS DEUX !

MAÏ... JE TE SUIS RECONNAISSANT DE M'AVOIR OUVERT LES YEUX...

NOTRE DESTIN REPOSE SUR CETTE DERNIÈRE CARTE...

Battle 117
UNE COURSE CONTRE LE TEMPS !!

L'ÉCRAN DE MIROIRS
(carte piège permanente)

moment où
de moitié.

MA CARTE PIÈGE "L'ÉCRAN DE MIROIRS" EST DÉTRUITE...!

LE "DRAGON HAPPY'S PET" EST SOUS LE CONTRÔLE DE "CATAPULT TURTLE". IL VIENT D'ÊTRE PROPULSÉ PAR LA CATAPULTE !!

ZUKYUUUUN

ZUMF

CE MONSTRE POSSÈDE LE POUVOIR DE DÉTRUIRE LES MURS, LES CITADELLES, MAIS AUSSI LES ÉCRANS...

KRUU KRUU... MAÏ, TU N'AS PAS TOUT VU... MON OBJECTIF N'ÉTAIT PAS SEULEMENT DE DÉTRUIRE CET ÉCRAN !

LA MOITIÉ DES POINTS D'ATTAQUE DU "DRAGON HAPPY'S PET" (SOIT 1150 POINTS) VONT ÊTRE RETIRÉS DE TES POINTS DE VIE !!

COM-MEEEENT ?!

LA MOITIÉ DES POINTS D'ATTAQUE DU MONSTRE ÉJECTÉ ET SACRIFIÉ PAR LA CATAPULTE SONT RETIRÉS DES POINTS DE VIE DE L'ADVERSAIRE...

OUI !

UN AUTRE OBJEC-TIF ?!

GLANG

!!

CATAPULT TURT ★★

BRAIN CONTROL (carte de magie)

Cette carte effectue un lavage de cerveau de l'ennemi et permet pendant un seul tour d'en faire un allié.

La tortue propulse un monstre allié au moyen de sa catapulte.

Attaque 1000
Défense 2000

EN S'APPRO-PRIANT MON DRAGON, IL A PU RÉDUIRE MES POINTS DE VIE...

MAÏ
points de vie
850

BIEN JOUÉ

YUGI !!!

C'ÉTAIT UN TRÈS BEAU COMBO...

ON DIRAIT MÊME QUE SON VISAGE A CHANGÉ D'EXPRESSION...

IL N'EST PLUS AFFOLÉ, IL A VRAIMENT L'AIR APAISÉ...

YOUAAAI ! YÛGI ! TU VIENS DE RENVERSER LA SITUATION !!!

YÛGI
points de vie
300

ON DIRAIT QU'IL Y A DU CHANGEMENT DANS SON ÂME...?!

AU TOUR SUIVANT, MA DÉTERMINATION VA ÊTRE MISE À L'ÉPREUVE !

C'EST LA VÉRITABLE DÉTERMINATION DU DUELLISTE QUI DONNE NAISSANCE À LA FORCE !!

MON AUTRE MOI VIENT AUSSI DE M'EN FAIRE PRENDRE CONSCIENCE...

MAÏ...

CATAPULT TURTTLE attaque 1000

YÛGI N'A QUE SA TORTUE EN JEU...

HAPPY A UN NIVEAU D'ATTAQUE SUPÉRIEUR À "CATAPULT TURTLE", À LA PROCHAINE ATTAQUE, JE GAGNE !

HAPPY LADY attaque 2100

VAAF

À MOI DE JOUER !!!

MAIS LA CARTE QU'IL A LAISSÉE SUR LA TABLE M'INTRIGUE...

...

ALORS MAI, QU'EST-CE QUE TU ATTENDS POUR ATTAQUER ?

HÉ HÉ...

JE N'AI PAS DE CARTE À PLACER SUR LA TABLE...

EST-CE QUE JE DOIS ATTAQUER OU LAISSER PASSER...?

J'ESPÈRE QUE CE N'EST PAS...?

UN PIÈGE ?

GYO

ZRUU

ZRUU

UNE ATTA-QUE...

...

GLOUPS

IL M'INVITE À PASSER À L'ATTA-QUE...

QUEL REGARD PROVO-CANT !

BLAM

JE VAIS EN PROFITER POUR RENFORCER HAPPY LADY AVEC CETTE CARTE DE MAGIE !

MÊME SI JE NE PORTE PAS D'ACTION PENDANT CE TOUR, JE SUIS TOUJOURS EN SITUATION DOMINANTE.

JE PRÉFÈRE ÉVITER LE DANGER.

NON, JE PRÉFÈRE M'ABSTENIR CETTE FOIS !

AH HAA HAAA ! ALORS... YÛGI ?

CALÉIDOSCOPE LA BEAUTÉ DÉMULTIPLIÉE

Cette carte de magie permet de multiplier certains monstres.

"CALÉIDOSCOPE", LA BEAUTÉ DÉMULTIPLIÉE !!!

CLANG

LES TROIS SŒURS HAPPY !!!

HAPPY LADY 3 attaque 2100

AU PROCHAIN TOUR, TU VAS GOÛTER AU PLAISIR DU HAREM DÉMONIAQUE !!

HAPPY LADY 1 attaque 2100

À MOI !

HAPPY LADY 2 attaque 2100

SI TU M'AVAIS ATTAQUÉ PENDANT CE TOUR, J'AURAIS PERDU...

COMMENT ?

MAÏ, C'ÉTAIT BIEN VU...

MAIS... COMMENT ÇA ?

LA CARTE QUE J'AVAIS LAISSÉE MASQUÉE...

TU AS PERDU TA DÉTERMINATION...?

JE CROYAIS QUE C'ÉTAIT UNE CARTE PIÈGE...

!!

...CELLE DE LA "RÉCUPÉRATION DU MONSTRE"...

BLAM

RÉCUPÉRATION DU MONSTRE

...C'EST JUSTE UNE CARTE DE MAGIE QUI PERMET D'ÉCHANGER UNE CARTE...

MAIS CETTE FOIS, JE ME SUIS FAIT ABUSER PAR LA DÉTERMINATION QUE J'AI LUE DANS SON REGARD...

FUH FUH... D'HABITUDE, LES COUPS DE BLUFF NE FONCTIONNENT PAS AVEC MOI...

POUR LE MOMENT, JE N'AI AUCUNE CARTE POUR GAGNER...

"L'OMBRE DE LA TENTATION" LUI PERMET DE S'APPROPRIER LA FORCE DE TOUS LES MONSTRES QUE JE PEUX METTRE EN JEU...

GRÂCE À L'ATTAQUE TRIANGULAIRE DES TROIS SŒURS HAPPY !

TANT PIS, JE VAIS REPRENDRE L'INITIATIVE AU TOUR SUIVANT !

DANS CE CAS !

JE REMETS MES CARTES DANS LE TAS ET JE LES MÉLANGE !!!

JE DÉCLENCHE MA CARTE DE MAGIE "RÉCUPÉRATION DU MONSTRE" SUR CE TOUR !

GROOO GROOO

SHUBAAA

ET JE RETIRE CINQ NOUVELLES CARTES !

J'AURAIS BESOIN D'UNE CARTE POUR ME RÉGÉ- NÉRER !

OUPS... AUCUNE DE CES CINQ CARTES NE PEUT BATTRE HAPPY...

!

ZRUU

CHEVAL

RÉSURREC DES MO

GRIBOW

GLIFOW

HOLLY E

Attaque 800
Défense 2000

QUE FAIRE ?

ZRUU
ZRUU

EN PLUS, LA CARTE DE "L'OMBRE DE LA TENTATION" OBLIGERA N'IMPORTE QUEL MONSTRE À PASSER À L'ATTAQUE ! JE CROIS QUE, CETTE FOIS, C'EST FINI POUR TOI !

L'ATTAQUE COLLECTIVE DES TROIS "HAPPY LADY" VAUT 2700 POINTS.

FUH FUH...

Y A RIEN À FAIRE...

YÛGI ! RESSAISIS-TOI ! T'ES PAS LE GENRE DE MEC À CAPITULER !

YÛGI, NE TE LAISSE PAS INFLUENCER PAR LE CHARME DE HAPPY LADY !!

ATTENDS... SA CARTE... CELLE DE LA TENTATION...

AH !

!!

MAÏ ! JE PLACE CETTE CARTE DANS LA PARTIE !

JE PEUX ENCORE ESSAYER UN TRUC !!

KÂÂÂ

...INU-TILE...

TOTA-LE-MENT...

VCLA

COMMENT ?!

GROOM

JE PLACE "HOLLY ELFE" EN DÉFENSE !!!

HOLLY ELFE ★★★★

Attaque 800
Défense 2000

C'EST PAS POSSIBLE ? IL LA MET EN DÉFENSE ?

ET MA CARTE DE LA TENTATION...?!

BLAM

AH !!!

IL LUI RESTAIT ENCORE DES SOLUTIONS ~

MAIS CE CHARME NE FONCTIONNE PAS SUR DES CARTES FÉMININES !!!

EH OUI, LES PHÉROMONES DÉGAGÉES PAR TA CARTE SÉDUISENT LES CARTES D'ORIGINE MASCULINE...

ET JE TERMINE MON TOUR !

HOLLY ELFE NE RÉSISTERA PAS À UNE ATTAQUE...!

IL N'A FAIT QUE PASSER CE TOUR, IL N'EST PAS POUR AUTANT TIRÉ D'AFFAIRE...

MAIS, CETTE FOIS, C'EST FINI POUR TOI...

T'ES VRAIMENT UN GARÇON CORIACE.

MAIS...?!

BLAM

À MOI DE JOUER !!!

LA RÉSURRECTION DES MORTS (carte de magie)

Le sort de magie ressuscite et s'empare de l'âme d'un monstre pour en faire un Allié.

CE SORT DE MAGIE VA ME PERMETTRE DE RESSUSCITER UN MONSTRE !

GROOOW

LE DRAGON HAPPY'S PET !

DRAGON HAPPY'S PET
★★★★★★

Attaque 2000
Défense 2500

Il se rapproche de
Happy et augmente sa
puissance de 300 points.

FUH
FUH...

CETTE CARTE
VA RAJOUTER
300 POINTS
D'ATTAQUE À
HAPPY LADY...

DOM

GZZ...

LE DRAGON
HAPPY'S PET
attaque
2900

ET
L'ATTAQUE
DE CE
TOUR...

UNE
ATTAQUE
DE 2900
POINTS
!!!

COM-
MENT
?

GROOW

...
GLOUPS

ET VOILÀ ENFIN LE DERNIER TOUR !

YÛGI !!!

YÛGI !!!

WLOOODN

URFS!

YÛGI
points de vie
300

J'AI GAGNÉ !

FACE À CETTE PUISSANCE COLLECTIVE, TU N'AS AUCUN MOYEN DE T'EN SORTIR...!!

MON DESTIN EST DANS CETTE CARTE !!

TOUT REPOSE SUR CETTE DERNIÈRE CARTE !!

LA CARTE AU SOMMET DU TAS...

MAÏ ! TU NE JOUERAS PAS PENDANT LES TROIS TOURS SUIVANTS !!

L'ÉPÉE QUI EMPRISONNE LA LUMIÈRE EST DÉTRUITE !!!

ZBAAAA BAAAAA

L'ÉPÉE QUI EMPRISONNE LA LUMIÈRE (magie)

Carte de
tout, grâce à
la lumière
emprisonner les
ennemis
...t 3 tours...

TU AS TIRÉ CETTE CARTE AU BON MOMENT...

HE HE...

Battle 110 LE LÉGENDAIRE CHEVALIER

JE VAIS VOIR SI CES ÉCLATS DE LUMIÈRE SONT LES DERNIÈRES BRAISES DU DUELLISTE OU...

... ALORS CELLES DE L'ESPOIR... JE SUIS CURIEUSE DE VOIR LE RÉSULTAT !

JE TE LAISSE JOUER PENDANT TROIS TOURS !

PAS DE PRO-BLÈME !!!

Battle 118
LE LÉGENDAIRE CHEVALIER

ALLEZ, YÛGI !

TU N'AS PAS DE MONSTRE EN JEU !

JE SAIS !

GRIBOW ★★

Attaque 300
Défense 200

JE PLACE CETTE CARTE ET JE TERMINE CE TOUR !

PFOUAH

IL EST RIDI-CULE !

CE ...ONS...RES ...EST ...RAI...ENT ...UL !

GÔ GÔ GÔ

GROOON

... EXISTE DES MILLIERS DE ...ARTES, SI JE ...L'AI CHOISIE, IL Y A UNE RAISON...

MAÏ...

...CETTE ...ARTE...

YÛGI, TU TE MOQUES DE MOI ?!

GRRR

DÈS QUE L'EFFET DE L'ÉPÉE DE LUMIÈRE AURA CESSE, CE MONSTRE SERA BALAYÉ !

GRLLLW

IL A L'AIR TELLEMENT FAIBLE QU'IL SE MET À VOULOIR ATTAQUER EN SUBISSANT L'INFLUENCE DES PHÉROMONES !

TROP DRÔLE ! HA HA HA !

... EST UNE PIÈCE DU PUZZLE QUI MÈNE À LA VICTOIRE !

GWUOOOW

ET DANS DEUX TOURS, TU SERAS FINI !

L'EFFET DE TON ÉPÉE S'ARRÊTERA DANS DEUX TOURS !

... CE QUI TE POUSSE À AJOUTER UNE CARTE PAREILLE DANS TON JEU !

J'AI PEUR DE NE PAS COMPRENDRE...

JE TIRE UNE CARTE ET TERMINE CE TOUR !

PENDANT CES TROIS TOURS, JE NE PEUX NI ATTAQUER, NI ME DÉFENDRE !

À MOI, MAINTENANT !!!

IL ME MANQUE UNE CARTE CLÉ POUR ME TIRER DE LÀ !!

CES CARTES NE SONT PAS SUFFISANTES POUR FAIRE APPARAÎTRE LE CHEVALIER...

ZRUU

ズズズ

ZRUUU

MES CARTES... !

LA RÉSURRECTION DES M...

LA LUNE DIABOLIQUE

GLIFOW

Attaque 1200
Défense 1500

... UNE CHOSE EST SÛRE...

FUH FUH... JE NE SAIS PAS CE QU'IL A EN TÊTE, MAIS...

NON... TOUJOURS PAS LA BONNE CARTE !!

FUSION

J'EN APPELLE À MES CARTES !!!

À MOI !!!

... LES MIRACLES N'EXISTENT PAS !

LA RÉSURRECTION DES MORTS
(carte de magie)

Le sort de magie ressuscite et l'âme s'empare de l'âme pour en faire un allié.

VLAM

LA RÉSUR-RECTION DES MORTS !!!

DANS CE CAS, JE JOUE CETTE CARTE !

LE RETOUR DE GAÏA, LE CHEVALIER DES TÉNÈBRES !!!

DOM

IL RESTE MOINS PUISSANT QUE MON DRAGON !

IN-SUF-FI-SANT !!!

GAïA LE CHEVALIER DES TÉNÈBRES... 2300 POINTS D'ATTAQUE...

J'AI L'IMPRESSION QUE CES TROIS TOURS NE T'AURONT SERVI À RIEN !

LE DRAGON HAPPY'S PET attaque 2900

IL A L'AIR PLUS SÉRIEUX QUE GRIBOW

AH OUI...

YÛGI DOIT PRÉPARER UN TRUC !

TU AS RAI-SON...

KERPS ! LE REGARD DE YÛGI EN DIT LONG ! IL EST PLUS QUE JAMAIS DANS LA PARTIE !

LE LÉGENDAIRE CHEVALIER "CHAOS SOLDIER"...

JE VOIS...

YÛGI BOY ? VAS-TU RÉUSSIR À TIRER CETTE CARTE ?

MAIS, POUR Y ARRIVER, IL LUI MANQUE UNE CARTE CLÉ !

DONG

VLAF

À MON TOUR !!!

ET VOILÀ !!!

HAPPY LADY ★★★★★

aque 1300
nse 1400

JE PENSE QUE YÛGI DOIT SAVOIR CE QUE ÇA VEUT DIRE !

JE VIENS DE TIRER UNE AUTRE "HAPPY LADY" !

PLUS QU'UN SEUL TOUR AVANT LA LEVÉE DE SON SORT !

IL N'Y A AUCUNE RAISON POUR QUE JE PERDE !

ÇA BRILLE

LE DRAGON VA ENCORE AJOUTER 300 POINTS PAR HAPPY LADY EN JEU !

QUAND LE SORT DE SON ÉPÉE SERA LEVÉ, IL Y AURA QUATRE "HAPPY LADY" DANS LE JEU !

ÇA VEUT DIRE QU'AVEC 4 CARTES, LE DRAGON VA PORTER SON NIVEAU D'ATTAQUE À 3200 POINTS !!

ALLEZ ! C'EST À TOI DE JOUER !

VLAF

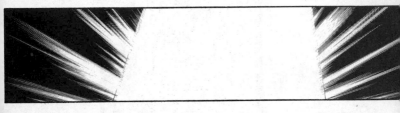

JE PLACE GLIFOW DANS LE JEU ET JE TERMINE MON TOUR !

DOM

JE MASQUE CETTE CARTE !!!

!!

IL AURAIT APPELÉ LA CARTE DE SON DESTIN...?

QU'EST-CE QU'IL PEUT BIEN AVOIR EN TÊTE ?

IL A ENCORE MIS UN MONSTRE MINABLE EN JEU...

AU TOUR SUIVANT, SI JE SORS LA CARTE DE HAPPY, JE GAGNE !

ET MAINTENANT LE SORT DE L'EPEE EST LEVE !!

SUUU

FUH FUH...

MONTRE-MOI CE QUE TU AS ÉLABORÉ PENDANT CES TROIS TOURS !

YÛGI ! LE MOMENT DE VÉRITE EST ARRIVE !

ZDOODOOON

LE DRAGON HAPPY'S PET attaque 2900

!!

J'AI EN MOI TOUS LES ATOUTS DE LA VICTOIRE !

MAï...

C'EST POUR ÇA QU'IL AVAIT JOUÉ DES CARTES AUSSI MINABLES !

IL LES SACRIFIE ?!

UNE ÂME APPELLE LA LUMIÈRE.

UNE ÂME OUVRE LES TÉNÈBRES !

GRIBOW attaque 300

GLIFOW attaque 1200

DE L'UNION DE CES DEUX ÂMES NAÎT LE CHAOS FIELD !!

LE DRAGON HAPPY'S PET EST... DÉTRUIT, EN UN SEUL COUP...

ZUM

MAÏ
points de vie
750

C'ÉTAIT DONC ÇA, LA PIÈCE MAÎTRESSE DE YÛGI !!

DINGUE !!!

JE SENS QUE LA FLAMME DU COMBAT EST EN TRAIN DE S'ÉTEINDRE CHEZ ELLE...

ON DIRAIT QUE LES JEUX SONT FAITS...

JE N'AI PLUS RIEN POUR CONTRER LES 3000 POINTS D'ATTAQUE DE SON CHAOS SOLDIER... YÛGI VA GAGNER AU TOUR SUIVANT...

IL M'A MANQUÉ JUSTE UN SEUL TOUR... CELUI QUI M'AURAIT PERMIS DE SORTIR UNE AUTRE CARTE DE HAPPY POUR REMPORTER LA VICTOIRE...

HAPPY LADY

HAPPY LADY
attaque
2100

CHAOS SOLDIER
attaque
3000

SLENDER CARD...

(Le fait de poser sa main sur le tas de cartes, signifie que le joueur abandonne la partie.)

...!!

SUUU

JE NE VEUX PAS VOIR UNE CARTE "HAPPY LADY" ÉCORCHÉE AU TOUR SUIVANT !

MERCI...

MAÏ...

J'AI PERDU LA PARTIE...

YÛGI...

TOUT LE MONDE POSSÈDE UNE PART DE FAIBLESSE DANS SON ÂME...

DANS CE MONDE, IL N'EXISTE AUCUN DUELLISTE QUI SOIT INFAILLIBLE...

MÊME SI L'ON EN A CONSCIENCE, ON ESSAIE TOUJOURS DE LA MASQUER...

PENDANT CE DUEL, JE ME SUIS RENDU COMPTE QUE J'ÉTAIS EN TRAIN DE PERDRE UNE CHOSE IMPORTANTE...

ET CE GRÂCE À CE QUE TU M'AS DIT...

UNE CHOSE QUI EST VISIBLE, MAIS QU'ON NE PEUT PAS VOIR...

YÛGI...

... SURPASSER SES PROPRES FAIBLESSES...

C'EST DANS CES MOMENTS-LÀ QU'IL FAUT SAVOIR SE DURCIR...

ELLE EST VISIBLE MAIS ON FEINT DE NE PAS LA VOIR...

ZWAP

Battle 119
PUISQUE NOUS SOMMES AMIS

ELLE A DISPARU !!!!

MAIS ?!!

QUOI ?! TU AS PERDU TA CARTE ?!

COMMENT...?!

JE L'AVAIS MISE DANS MA VESTE...

QU'EST-CE QUI SE PASSE ?!

JE SUIS CERTAIN DE L'AVOIR !!!

PAS SI VITE !!!

SANS CETTE CARTE, VOUS NE POUVEZ PAS JOUER.

TOUT À FAIT !

C'EST BIEN ÇA ? PAS VRAI ?

HA HA, ÇA VEUT DIRE QU'IL NE PEUT PAS PARTICIPER AU DUEL ?

COMME ÇA, JE N'AI MÊME PAS BESOIN DE ME CREVER À FAIRE CE DUEL !

JÔNO-UCHI, TU ES DÉJÀ DISQUALIFIÉ !!!

COMMENT VEUX-TU QU'IL LA RETROUVE ! C'EST MOI QUI LUI AI PIQUÉ SA CARTE...

C'EST PAS VRAI ?!

GLOUPS

QU'EST-CE QUE TU EN SAIS !

IL N'EST PAS PRÈS DE REVENIR !

BON ! ÇA VA ! ON DIT QU'IL EST DISQUALIFIÉ ET ON PASSE À AUTRE CHOSE ?!

JÔNO-UCHI N'EST PAS UN MEC QUI FUIT SES RESPONSABILITÉS !!!

BANDIT KIERCE...

GRR !!

IL A DÛ PRÉTEXTER D'AVOIR PERDU SA CARTE POUR ALLER CHIALER TOUT SEUL DEHORS...

CE GAMIN N'EST QU'UN DÉBUTANT !!!

IL EST CERTAINEMENT TRÈS CON, MAIS PAS AU POINT DE CROIRE QU'IL VA RÉUSSIR À ME BATTRE ! J'SUIS SÛR QU'IL PRÉFÈRERAIT ÉVITER LE DUEL !

COMMENT OSES-TU ?!

KRUU KRUU ~

ET EN PLUS...

... IL SE BATTRA CONTRE TOI !

IL VA REVENIR, C'EST CERTAIN !

PLUS QU'UNE MINUTE !!!

UARK!

HAH

FUAH

MON RÊVE S'EFFONDRE SUR CE COUP...

MOI QUI AI EU DE LA CHANCE SUR CETTE ÎLE...

GLAKS

ZUMF

...JE N'AI PAS RETROUVÉ LA CARTE...

ALLEZ, JÔNO-UCHI ! DEBOUT !!!

...

TIENS !!!

CRÉ-TIN !

SI TU NE VEUX PAS ÊTRE VU TU N'AS QU'À ALLER TE CACHER !!!

NE ME RE-GARDE PAS !

MAÏ...

GARDE TES LARMES POUR QUAND TU AURAS PERDU !

UHM...

IL EST DÉJÀ MOUILLÉ...

CE MOUCHOIR...

KiERCE VS JÔNO-UCHi !

JÔNO-UCHI
Points de vie
2000

BANDIT KiERCE
Points de vie
2000

JE COMMENCE LE PREMIER !!!

JE PLACE CETTE CARTE MACHINE EN POSITION DE DEFENSE !!

LA MACHINE DU SUPPLICE DE LA LAME PENDULAIRE

Attaque 1750
Défense 2000

GROO

POUR LE MOMENT, JE NE VOIS QU'UN VIEUX LOUSER MAL RASÉ !

PFFH... EX-CHAMPION...

MOI, LE CHAMPION ABSOLU DES USA, JE VAIS TE MONTRER CE QU'EST L'ENFER !

ÉCOUTE-MOI BIEN, MORVEUX !

Battle 120
HEAVY METAL RAIDERS

JÔNO-UCHI, C'EST LA PLUS GRANDE ÉPREUVE QUI T'ATTEND DANS CE ROYAUME !!

JE SAIS QUE TU ES CAPABLE DE GAGNER !

JÔNO-UCHI ! ÇA VA ALLER !

TU N'ES PLUS UN DÉBUTANT ! TU ES UN DUELLISTE CONFIRMÉ !

J'OUVRIRAI LA PORTE DES LUMIÈRES DE LA GLOIRE !!

YÛGI ! REGARDE-MOI BIEN, JE VAIS L'ÉCLATER !!!

ET J'IRAI OFFRIR TOUTE CETTE LUMIÈRE À SHIZUKA !

Battle 120
HEAVY METAL RAIDERS

ドヨ!!ヨやっ☆

ZBOOOM ZDONG

GYUUUUUU

GUILTYA
A
EXPLOSE
!!!

SHUUUU

ÇA
CRAINT
...!!

ERPS,
IL EST
BA-
LAISE...

IL N'EST
PAS DEVENU
CHAMPION
PAR HASARD...

MORVEUX !
JE N'AI
RIEN À
CRAINDRE
DE TOI !

IL NE CRAINT
PAS LES
ATTAQUES
MAGIQUES
ET POSSÈDE
UNE GRANDE
PUISSANCE
DESTRUCTRICE
!!!

BANDIT
KIERCE S'EST
ASSEMBLÉ
UN JEU DE
CARTES D'UN
TRÈS HAUT
NIVEAU BASÉ
SUR DES
MACHINES !!

JÔNO-UCHI
points de vie
1650

IL DOIT CERTAINEMENT EXISTER UN MOYEN POUR SE TIRER DE LÀ !

TOUT SON JEU EST BASÉ SUR LA PUISSANCE DE FEU !

MAIS, JÔNO-UCHI, TU NE DOIS PAS LÂCHER L'AFFAIRE !!!

À MON TOUR !!!

SWAP

URKS...

LAUNCHER SPIDER attaque 2200

LA MACHINE DU SUPPLICE DE LA LAME PENDULAIRE attaque 1750

TANT PIS !

MES CARTES N'ONT PAS UN NIVEAU D'ATTAQUE SUFFISANT POUR LUTTER CONTRE LES MACHINES !!

BOUH...

AXE RA
Attaque

PIÈGE
Utilise l'élément du feu

SARAMA

BOOMER
AVEC CHA
Cart
piège

DOM

ET JE PLACE "AXE RAIDER" EN POSITION DE DÉFENSE !!!

AXE RAIDER défense 1150

VLAM

JE POSE CETTE CARTE ET JE LA LAISSE MAS-QUÉE !

JE POURRAIS NETTOYER CES CARTES DE NAZE AU TOUR SUIVANT...

JE ME DEMANDE COMMENT TU AS PU FAIRE POUR TE QUALIFIER AVEC DES CARTES AUSSI NAZES...

KRPS..

GRRR !!!

KRUU KRUU ..

JE VAIS M'AMUSER UN PEU ET TENDRE UN PIÈGE À CE MORVEUX, ÇA ACCÉLÈRERA LES CHOSES !

ET EN PLUS ..

MOI AUSSI, JE VAIS MASQUER UNE CARTE.

DEVIL ZOA
★★★★★★

Attaque 2600
Défense 1900

DOM

.. JE PLACE CE MONS-TRE-LÀ EN DÉFEN-SE !!

DEVIL ZOA !!!

GROO ひ!! ひ!! ひ!!

DEVIL ZOA
défense
1900

ÇA NE PEUT ÊTRE QU'UN PIÈGE !!

JŌNO-UCHI, FAIS GAFFE !!

SON NIVEAU D'ATTAQUE EST DE 2600 POINTS ET KIERCE VIENT DE LE PLACER EN POSITION DE DÉFENSE...

"DEVIL ZOA" N'EST PAS UNE MACHINE... C'EST UN MONSTRE NORMAL ISSU DES TÉNÈBRES !

C'EST LOU-CHE !!

ET JE TER-MINE MON TOUR !!

!!

IL A L'AIR SUPER-BALAISE

GWHOOOW

SHAKYiiiiii

**ARMURE ANTI
MAGIE EN MÉTAL
(carte piège)**

Elle permet de renvoyer par effet de miroir une attaque magique à celui qui vient de la déclencher. Elle renforce également l'armure de métal. Elle utilise cette armure qui augmente de 100 points en attaque comme en défense.

FUH
FUH...

L'IDIOT

LA
CARTE
PIÈGE
ENTRE
EN
ACTION
!!!

"DEVIL ZOA"
EST PARÉ DE
L'ARMURE DE
MÉTAL, SES
NIVEAUX DE
DÉFENSE ET
D'ATTAQUE
AUGMENTENT
!!!

**METAL
DEVIL ZOA**
attaque 3000
défense 2300

JÔNO-UCHI !

COMME ABRUTI, TU ES VRAIMENT LE MEILLEUR !!!

WAH HA HA HA !!!

ZRUU !!

ZRUU

ZRUU

JÔNO-UCHI points de vie 1150

C'EST À MOI DE JOUER !!

MER-DE...

REGARDE TA CARTE "AXE RAIDER" QUE TU AS PLACÉE EN DÉFENSE...

EH BIEN...

QUOI ?!

GAMIN, C'EST MOI LE GAGNANT !!!

BLANG

!!

KRUU KRUU

!!

DOM

DÉBLOCAGE
DE POSITION DE
DÉFENSE
(carte piège)

Quand l'adversaire
place un monstre en
position de défense, la
carte piège oblige ce dernier
à passer en position
d'attaque.

JE LÈVE SA DÉFENSE !!!

DÉBLOQUER MA POSITION DE DÉFENSE

ZDOO

GAMIN, LES JEUX SONT FAITS !!

"METAL DEVIL ZOA" PASSE À L'ATTAQUE !!

ZDOO

ZDOO

ZDOO

| AXE RAIDER attaque 1700 | METAL DEVIL ZOA attaque 3000 |

CA CRAINT—

"AXE RAIDER" A UN NIVEAU D'ATTAQUE DE 1700 POINTS !

S'IL SUBIT L'ATTAQUE DE "METAL DEVIL ZOA" JONO-UCHI PERD LA PARTIE !

HA HA HA ! CARTE PIÈGE "LE TROU" !!

ET BOUM !

LE TROU
(carte piège)

Une fois tombé dans le piège, le monstre est immédiatement détruit et 35% des points d'attaque du monstre détruit sont retirés des points de vie de l'adversaire.

BLAM

C'ÉTAIT UN PIÈGE !

PAS POS-SIBLE...

T'ES VRAIMENT DESCENDU BIEN BAS !

DIS-MOI, KIERCE...

SHLLLL

OUF

KIERCE
points de vie
1250

JÔNO-UCHI !!

SUR CE COUP, T'AS VRAIMENT L'AIR NUL !

ズドーッ

ZCLANG

QUOI ?! JE SUIS TOMBÉ DANS UN TROU ?!

LE TROU
(carte piège)

Une fois tombé dans le piège, le monstre est immédiatement détruit et 25% des points d'attaque du monstre détruit sont retirés des points de vie de l'adversaire.

CETTE SIMPLE CARTE M'A PERMIS DE DÉTRUIRE TA MACHINE !

SHUUU

URRH !

DU BRICO-LAGE DE NAZE...

Battle 121 HARCELÉ PAR LES MACHINES.

BIENTÔT, JE TE PERFORERAI LE CŒUR !

KIERCE !!!

CE GAMIN VA ME LE PAYER CHER...

GROO

GROO

JÔNO-UCHI
Points de vie
1150

KIERCE
Points de vie
1250

FAIS-LE POUR TA SŒUR SHIZUKA !!!

JÔNO-UCHI, TU DOIS RÉUSSIR !

IL NE SE LAISSE PAS IMPRESSIONNER PAR UN ANCIEN CHAMPION !!!

JÔNO-UCHI, TU ES DÉMENT !!!

BIEN !!!

JÔNO-UCHI EST DANS LE BON SENS DU COURANT !!

CE QUE JÔNO-UCHI VIENT DE LUI FAIRE SUBIR A PORTÉ UN COUP AU MORAL DE KIERCE !

C'EST PAS MAL !!

CELUI QUI SUIT CE COURANT VA GÉNÉRALEMENT VERS LA VICTOIRE !

DANS LES JEUX DE CARTES, IL EXISTE UN COURANT COMME DANS UN FLEUVE...

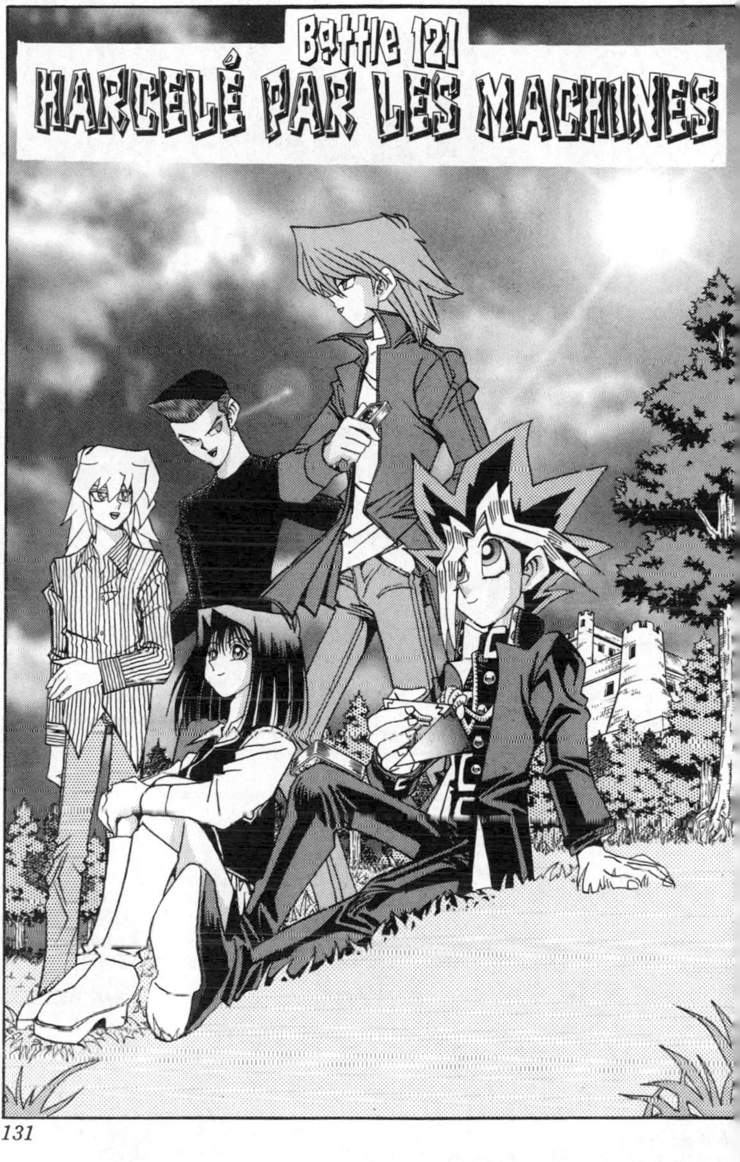
Battle 121
HARCELÉ PAR LES MACHINES

L'ÂME DE SA SŒUR DOIT TRANSITER DANS SES CARTES...

OUI, J'EN SUIS CERTAINE, IL PEUT LE FAIRE !

IL PEUT GAGNER !!!

BIEN ! JÔNO-UCHI VIENT DE PRENDRE UNE LÉGÈRE AVANCE !

TU DOIS CONTINUER À LE HARCELER !!!

JÔNO-UCHI !

POURTANT, EN CE QUI CONCERNE L'EXPÉRIENCE ET LA TECHNIQUE, IL N'ARRIVE PAS À LA CHEVILLE DE KIERCE...

ON DIRAIT QUE JÔNO-UCHI VIENT DE PRENDRE L'AVANTAGE...

ZRUU

ZRUU

ZRUU

COMMENT FAIT-IL POUR COMBLER CE FOSSÉ...?

ON A MÊME RACONTÉ QU'IL S'ÉTAIT GLISSÉ DANS LE MILIEU DES JEUX CLANDESTINS ET ÉTAIT AU BOUT DU ROULEAU...

ON DISAIT QU'IL ÉTAIT DEVENU ALCOOLIQUE ET ÉTAIT TOMBÉ DANS LA DROGUE.

APRÈS SA DÉFAITE CONTRE MOI, KIERCE AVAIT DISPARU DE LA CIRCULATION...

KTCHAC

... DE L'ESPOIR... ET DE LA CONFIANCE ...!!

ET DE L'AUTRE...

... LE DÉSESPOIR ET LA VENGEANCE !!!

D'UN CÔTÉ...

JE DOIS LIRE DANS LEURS ÂMES...

GRO00

ET MAINTENANT, IL RÉAPPARAÎT AFFAIBLI...

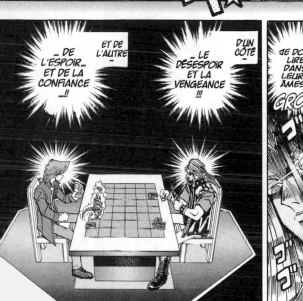

GRO00

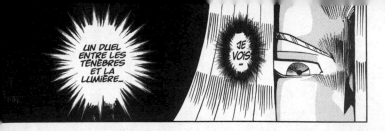

UN DUEL ENTRE LES TÉNÈBRES ET LA LUMIÈRE...

JE VOIS...

QU'EST-CE QUE T'AS À RICANER COMME ÇA ?!

KRUU KRUU...

ZRUU

POURTANT... ARRIVÉ À UN CERTAIN POINT, LE RESSENTIMENT ET LE DÉSESPOIR PEUVENT DONNER NAISSANCE À UNE FORCE INSOUPÇONNÉE...

KRUU...

KRUU KRUU...

GAMIN... EST-CE QUE TU AS DÉJÀ JOUÉ AVEC TA VIE...?

ZRUU

BANG

KRUU KRUU...

JE TE DEMANDE SI TU AS ÉTÉ EN ENFER...?

DANS CE ROYAU-ME, C'EST PAREIL...

KRUU KRUU

UNE SITUATION OÙ TU SERAIS PRÊT À TUER TOUS LES AUTRES AUTOUR DE TOI POUR SURVIVRE... C'EST ÇA, L'ENFER !

KRUU KRUU ~

POUR Y ARRIVER, JE FERAIS N'IMPORTE QUOI !

POUR MOI, LA SORTIE DE CET ENFER...

... C'EST LÀ OÙ SE TROUVE PEGASUS !!!

KIERCE !!!

NE T'EN FAIS PAS, JE ME CHARGE DE TE RENVOYER EN ENFER !

ZDOO-DOOO

SUR CE TOUR, JE MASQUE UNE CARTE !

ZRUUU
ZRUU

REVOL-
VER
DRAGON
!!!

CHACUN
D'EUX
A 50%
DE
CHANCE
DE TIRER !

LE DRAGON
EST ÉQUIPÉ
DE TROIS
REVOLVERS !

JE PROFITE
DE MON
TOUR
POUR TE
PROPOSER
UN PETIT
PARI...

AU
MOMENT
DE
L'ATTAQUE,
ON FAIT
TOURNER
LES
BARILLETS !

DANS
CHAQUE
BARILLET,
IL Y A
TROIS
BALLES !

UN
PARI
?!

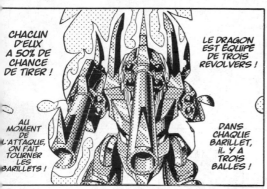

LE COUP
DE LA
ROULETTE
RUSSE...!!

GROO

"REVOLVER
DRAGON"
SE MET EN
POSITION
D'ATTAQUE
!!!

GROO

GROO

T'ES
PRÊT
?

GLAKS

ROULETTE RUSSE !!

ZLLLLLLINKS

PTAKS

VLIING

LA ROULETTE VA S'ARRÊTER !!!

SI LES TROIS BARILLETS TOMBENT CHACUN SUR UNE BALLE, ILS POURRONT ÉLIMINER TROIS ENNEMIS EN MÊME TEMPS !!

!!

MA CARTE EST CELLE DU "MAGICIEN DU TEMPS" !!!

PIOMP

MAGICIEN DU TEMPS

ZRUU

... MOI, JE VAIS LUTTER AVEC LA ROULETTE DU TEMPS !

KIERCE ! SI TON DRAGON UTILISE LA ROULETTE RUSSE POUR SE BATTRE...

ZRUU

LE MAGICIEN DU TEMPS...

LE MAGICIEN DU TEMPS...

LA ROULETTE DU TEMPS...

KIERCE
POINTS DE VIE
1100

MAIS T'AS PLUTÔT INTÉRÊT À TE MÉFIER DE LA CARTE QUE J'AI LAISSÉE SUR LA TABLE !

ZRUU ZRUU ZRUU

KRUU KRUU... TU PEUX TOUJOURS ESSAYER ~

KLUP KLUP KLUP KLUP

LA ROULETTE DU TEMPS !!!

ON Y A !!!

IL MISE CARRÉMENT GROS SUR CE COUP !

S'IL PERD À LA ROULETTE DU TEMPS, JÔNO-UCHI PERD SES MONSTRES EN JEU, ET LA MOITIÉ DES POINTS D'ATTAQUE DES MONSTRES PERDUS SERONT ÉGALEMENT RETIRÉS DE SES POINTS DE VIE !

J'ESPÈRE QU'IL VA GAGNER !!!

UNE CURIEUSE MACHINE VIENT D'APPA-RAÎTRE À CÔTÉ DE KIERCE !!

UNE PORTE S'OU-VRE !!

ET EN PLUS, LE DRAGON A RETROUVÉ SON ÉTAT D'ORIGINE, IL EST COMME NEUF !

QU'EST-CE QUI SE PASSE ?!

QUOI ?! LE "REVOLVER DRAGON" EST EN TRAIN D'EN SORTIR ?!

REVOLVER DRAGON
attaque 2600
défense 2200

LE DRAGON MILLÉNAIRE EST DÉTRUIT !!!

GUN CABON SHOT !!!

LA ROULETTE RUSSE !

DRAGON MILLÉNAIRE
attaque 2400
défense 2500

REVOLVER DRAGON
attaque 2600
défense 2200

EN CLAIR, LE "REVOLVER DRAGON" ROUILLÉ A SERVI D'APPÂT POUR RAPPELER DANS LE PASSÉ CELUI QUI EST NEUF. C'EST COMME ÇA QU'IL A PU DÉTRUIRE LE DRAGON MILLÉNAIRE.

HÉ HÉ... CETTE CARTE PIÈGE PERMET DE REVENIR UN TOUR EN ARRIÈRE DANS LE TEMPS. LE MONSTRE QUI SE FAIT ATTAQUER A AINSI LA POSSIBILITÉ DE REVENIR DANS LE TEMPS ET D'ANTICIPER L'ATTAQUE QU'IL S'APPRÊTAIT À SUBIR !!

C'EST INCROYA-BLE...!! JE COM-PRENDS PAS !!

ET COMME CE DERNIER EST AUSSI NEUF QU'IL L'ÉTAIT UN TOUR AVANT, IL CONSERVE TOUTE SA FORCE D'ATTAQUE !

LE TOUR DE JONO-UCHI (MAINTENANT)

LE TOUR DE KIERCE (PASSÉ)

REVOLVER DRAGON

DRAGON MILLÉNAIRE

ATTAQUE

ATTAQUE

TIME MACHINE

JÔNO-UCHI
points de vie
650

LE COMBO DE JÔNO-UCHI A ÉTÉ IMPARA-BLEMENT DÉJOUÉ !

AVEC CETTE CARTE, CELUI QUI ATTAQUE EST DUPÉ PAR UNE VISION ET SE FAIT ATTAQUER PAR LE MONSTRE QUI JOUAIT UN TOUR AVANT !

UOPS...

IL A DEVINÉ TOUTE MA STRATÉ-GIE !!

KIERCE EST VRAIMENT TRÈS FORT !

ÇA VEUT DIRE QU'IL EST IMPOSSIBLE D'ATTAQUER LE 'REVOLVER DRAGON' PENDANT CE TOUR !

JE TE PRÉVIENS, CE N'EST PAS AVEC TES CARTES QUE TU RÉUSSIRAS À ME BATTRE !

MÊME SI TU N'ES PAS SUFFISAMMENT PRO POUR PARLER DE STRATÉGIE...

JE T'AI DÉJÀ VU LUTTER CONTRE KOTSUZUKA DANS LE PASSÉ. JE CONNAIS BIEN TON JEU !

'LE DRESSEUR DE MONSTRES' EN POSITION DE DÉFENSE...

...

ALLEZ, SORS TON MONS-TRE !

JE N'EN FERAI QU'UNE BOUCHÉE !!!

GAMIN, C'EST À TOI DE JOUER !!

ET MOI, JE RAJOUTE UNE CARTE EN POSITION DE DÉFENSE !!!

...

GO" GO"

GROOO GROOO

MEGATRON
défense 2000

! VLAF

VLAF

ET ENSUITE...

JE MASQUE UNE CARTE...

JE SAIS QUE C'EST TA CARTE LA PLUS PUISSANTE.

MAIS MON DRAGON N'A RIEN À CRAINDRE !

... JE JOUE LE "RED EYES BLACK DRAGON" EN ATTAQUE !

DOM

RED EYES BLACK DRAGON attaque 2400

MEGATRON défense 2000

COMME TU AS L'AIR DE LE SOUHAITER, JE VAIS LE DÉTRUIRE !

OK...

ET JE TERMINE CE TOUR !

ZDOODOOZDODOOO

"REVOLVER DRAGON" ATTAQUE LE "RED EYES BLACK DRAGON" !!

REVOLVER DRAGON attaque 2600

RED EYES BLACK METAL DRAGON !!!

DOM

ARMURE ANTI-MAGIE EN METAL
(carte piège)

Elle permet de...

RED EYES BLACK METAL DRAGON
★★★★★★

Attaque 2400
Défense 2000

RED EYES BLACK METAL DRAGON
attaque **2800**
défense **2400**

Battle 123 LE DERNIER TOUR !!

C'EST LE DEBUT DE LA CONTRE-ATTAQUE !

GRR... LE NIVEAU D'ATTAQUE DU RED EYES BLACK METAL DRAGON EST DE 2800 POINTS !

"REVOLVER DRAGON" EST PULVE-RISE !!

ZGROO

JÔNO-UCHI
points de vie
650

KIERCE
points de vie
900

REVOLVER DRAGON
attaque **2600**

JÔNO-UCHI, C'EST JOUABLE !

OUI !!!

C'EST GRÂCE À TON COURAGE, CELUI DU DUELLISTE !!

CE N'EST PAS LA CHANCE QUI TE FAIT PERDRE OU GAGNER !!

OUAIS !!!

TU N'AS AUCUNE STRATÉGIE... TU N'ES QU'UN SIMPLE AMATEUR QUI IMPROVISE SON JEU. JE VAIS TE DONNER UNE BONNE LEÇON !!

MAIS SI TU VEUX RIGOLER, PROFITES-EN MAINTENANT... J'AI LES CONNAISSANCES TECHNIQUES POUR GAGNER...

ZRUU ZRUU

CE MORVEUX... IL A COPIÉ MA CARTE POUR RENFORCER SON DRAGON...

GRRR~

ET MAINTENANT, C'EST À MOI DE JOUER !!!

VLAF

AVEC UN TEL NIVEAU DE DÉFENSE LA "SLOT MACHINE" DEVIENT INTOUCHABLE SUR LE TERRAIN...

JÔNO-UCHI !

EN CUMULANT LES TROIS 7, ÇA PEUT FAIRE GAGNER 2100 POINTS DE DÉFENSE OU D'ATTAQUE.

CETTE MACHINE EST CAPABLE D'ACCUEILLIR JUSQU'À TROIS CARTES 7...

VOICI LA PREMIÈRE...

JE T'AI DIT QUE J'ALLAIS TE DONNER UNE LEÇON...

MAIS J'EN AI JUSTEMENT BESOIN MAINTENANT !!

KRIU KRUU... JE SAIS, C'EST DE LA TRICHE...

J'AI CACHÉ DEUX CARTES 7 DANS MON BRACELET !

ET VOILÀ UN DEUXIÈME 7 SUR CE TOUR !!

AVEC CETTE CARTE, J'AUGMENTE MON ATTAQUE DE 700 POINTS !!

GTCHAKS

LA CARTE 7 RENFORCE LA MACHINE À SOUS

7
ATTAQUE

Vient renforcer la slot machine de 700 points quand elle est en ... d'attaqu... jeu...

SLOT MACHINE
attaque 2700
défense 3000

SA MACHINE SERA PLUS FORTE QUE LE RED EYES DRAGON...

S'IL RAJOUTE UNE AUTRE CARTE 7 DANS LA MACHINE, IL ARRIVERA À 3400 POINTS D'ATTAQUE !

IL PROFITE DE SA SITUATION INATTAQUABLE POUR AMÉLIORER LE NIVEAU D'ATTAQUE DE SA MACHINE...

URKS!

GROO GROO GROO

VLAF

SUFIA BOM
bombe à retardement

Elle vient se fixer sur un adversaire et explose au tour suivant.
attaque 2900

ET J'AJOUTE AUSSI CETTE CARTE PENDANT CE TOUR !

C'EST UNE BOMBE À RETARDEMENT QUI EXPLOSERA AU TOUR SUIVANT !

SI TU NE T'EN DÉBARRASSES PAS MAINTENANT, AU TOUR SUIVANT, TU PERDS TON DRAGON !

UNE BOULE MÉTALLIQUE EST VENUE SE FIXER SUR LE CORPS DE MON DRAGON !!

GROOOOW

GRAAAKS

RED EYES BLACK METAL DRAGON attaque 2800

SUFIA BOM attaque 2900

JE MISE TOUT SUR CETTE CARTE !!!

VLAF

S'IL EXPLOSE, C'EST FINI POUR MON DRAGON !

MERDE...

RED EYES BLACK METAL DRAGON
attaque **3400**
défense **2400**

SLOT MACHINE
attaque **3400**
défense **3000**

JÔNO-UCHI
points de vie **450**

KIERCE
points de vie **400**

JÔNO-UCHI....!!

LE DUEL VA SE JOUER AU TOUR SUIVANT !!!

LEURS NIVEAUX D'ATTAQUE ET LEURS POINTS DE VIE SONT QUASIMENT IDENTIQUES !

ILS NE PEUVENT PAS ENGAGER LE COMBAT...

MES CARTES...

C'EST TOUT CE QUI ME RESTE...

ET CETTE CARTE QUE J'AI LAISSÉE MASQUÉE...

TOUT VA SE JOUER SUR CE TOUR...

CECI VA TE REMETTRE LES IDÉES EN PLACE !

TU VAS VOIR...

NE ME DIS PAS QUE TU ESPÈRES ENCORE GAGNER ?

IGRIUI KRUU

COMMENT ?! UNE CARTE BANDIT !

BANDIT

Elle permet de voler une carte des mains de son adversaire !

LA CARTE DU BANDIT !!!

! ...

ALLEZ, MONTRE-MOI TES CARTES !

OLI, CETTE CARTE PERMET DE VOIR LES CARTES QUE TU AS EN MAIN ET D'EN VOLER UNE !

UN BOUCLIER DANS LA MAIN DROITE ET UNE BOÎTE LA MAIN GAUCHE (carte de magie)

ATTAQUE **DÉFENSE**

Elle inverse l'attaque du monstre adverse en position de défense et vice versa.

JE VAIS PRENDRE CELLE-CI !

LES AUTRES CARTES SONT NAZES...

HEEH !! TU EN AS UNE MARRANTE !

C'EST CELLE QUI T'A SERVI À BATTRE KOTSUZUKA !!!

URRRH !

Émilie BERNA
20 ans
Aix-en-Provence

Envoyez-nous vos illustrations ou planches (2 maxi SVP!) à :

KANA, 15/27 rue Moussorgski, 75018 Paris France.

Attention! Les originaux ne sont pas retournés.

Prévoyez une bonne photocopie.

Oubliez pas d'indiquer vos nom, âge et ville au dos de chaque dessin.

YU-GI-OH!

© DARGAUD BENELUX 2001
© DARGAUD BENELUX (DARGAUD-LOMBARD s.a.) 2002
7, avenue P-H Spaak - 1060 Bruxelles
2ème édition

© 1996 by Kazuki TAKAHASHI
All rights reserved
First published in Japan in 1996 by Shueisha Inc., Tokyo
French language translation rights in France arranged by Shueisha Inc.
Première édition Japon 1996

Tous droits de traduction, de reproduction et d'adaptation strictement réservés
pour la France, la Belgique, la Suisse, le Luxembourg et le Québec.

Dépôt légal d/2001/0086/31
ISBN 2-87129-332-5

Conception graphique : Les Travaux d'Hercule
Traduit et adapté en français par Sébastien Gesell
Lettrage : Eric Montésinos

Imprimé en Italie par G. Canale & C. S.p.A. - Borgaro T.se (Torino)